AF452268

Dis donc ! J'y pense. J'ai appris
que vous avez à la Bibliothèque Nationale
un exemplaire de la Légende, mais de
la sale contrefaçon exécutée par ce
bandit de Kistemakers, pleine de
très faux, et sur laquelle ce misérable
a eu l'audace d'imprimer " Édition
revue et corrigée par l'auteur. "
Eh bien, ce volume est à la
Bibliothèque publique, et pas même
dans l'Enfer ! Je voudrais que

Cet exemplaire fût remplacé par
un vrai que je donnerais bien
volontiers ; et si cela n'est pas
possible que ce recueil de vers
fasse, au moins, qu'ils allât en
Enfer.

Re – Amitiés.

Si un jour tu as un moment, donne moi
une consultation sur ce que je dois faire
pour amener la disparition, le remplacement
ou tout au moins l'indication, de contrefaçon
qui souhaite mon artistical honour.

Re – re – amitiés

LA LÉGENDE DES SEXES.

LE SIRE DE CHAMBLEY

(Edmond H......)

LA LEGENDE

DES SEXES.

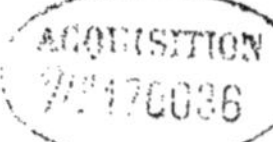

Poëmes Hystériques et profanes.

BRUXELLES,

ÉDITION PRIVÉE, REVUE PAR L'AUTEUR.

1893.

PRÉFACE.

E livre est l'épopée du bas-ventre.

La Légende des Sexes n'est point une parodie, elle est un complément: le complément d'une œuvre gigantesque et lumineuse, mais incomplète à notre sens.

Prenant l'être, V^{or} Hugo le regarda sous trois faces et cru l'avoir vu tout entier.

Après qu'il eut dressé le grand miroir triangulaire de sa légende, il le fit tourner sur l'axe d'une idée préconçue: la constatation du progrès.

Il l'avoue; il vit l'Homme, il vit le Mal, il vit l'Infini; le progressif, le relatif, l'absolu; et il en fit trois chants: La Légende des Siècles, la fin de Satan, Dieu.

Entendez bien ceci: il vit l'Homme, le progressif. . . .

Mais l'homme progresse-t-il tout entier? N'est-il pas en lui des Facultés et des Sens; des parties de l'âme, si j'ose dire, qui eurent dès la première heure toute la puissance du plein développement; des perfections innées et instinctives; des modes de faire qui atteignirent d'un bond les hauteurs que les races épurées n'ont pu et ne pourrons dépasser?

Certes il en existe: tels l'Art et la Science du Rut et du Coït.

Qui le nierait? Qu'avons nous ajouté au passé?

Rien! — Je suis comme Faust: j'ai travaillé beaucoup, beaucoup étudié et je ne sais rien de plus que mes aïeux.

Si reculée que puisse être l'apparition de l'Epicier sur le globe terrestre; qu'il remonte à Vespuce qui trouva l'Amérique, ou à Hérodote qui courut l'Orient, croyez-vous que ce premier préposé aux denrées coloniales créa le simple mode qui aujourd'hui porte modestement son nom?

Point.... Pindare en parle, les bas-reliefs en vivent. Adam, s'il exista.... en fit peut-être l'invention de la première heure, quand, affolé de désirs inconscients par la contemplation des splendeurs inconnues du corps féminin, il rugit, halluciné, fauve, et se jeta, face contre face, sur cette chair vivante et vibrante qui s'étalait et se déroulait devant lui dans l'herbe épaisse.

Las, il connut la Paresse, invention de la deuxième heure.

Plus las, il gisait. Pour le subjuguer à sa tyrannique féminie, à sa luxure qui s'émeut lentement et commence à s'éveiller quand la nôtre s'endort. Eva eût l'invention de la troisième heure. — Qu'est-ce que ce nom moderne de „Gamin"? — Une usurpation du parisianisme sur la nature; un vol de nom, une contrefaçon de l'antique!

Avant nous, les Latins disaient „*equus hectoreus*"; les Grecs avaient dit: *Péribasié.*

Prétendez-vous qu'une civilisation altérée d'inconnu vous poussa à la dégradante imitation des bêtes? — Erreur et présomption!

La levrette, cet aristocratique animal du faubourg Saint-Germain ne nous a rien appris. Louis XVI connut avant nous les charmes qu'elle goûte: et naquit le Dauphin qui ne serait pas né. — Le siècle dernier nommait „le coup royal" ce qu'Ovide et Lucrèce scandaient *more ferarum.*

Anacréon avait cette délicieuse image: *Aphroditès arma,* la char de Vénus; et le bon et simple Homère appelait cela *philotès.*

Sennecona disait peut-être vrai:

Sic primi . . . . parentès.

Sic tentabat amor tunc puer, artis inops.

Donc dans le coït, rien; à coté rien.

Avons nous essayé les premiers la force contractile du sphincter anal? — Caïn et Abel voulurent ensemble imiter Père et Mère et attendirent ainsi qu'ils leur naquit une sœur.

Avons-nous inventé le travail des langues et le baiser adultère des taureaux et des cygnes?

Rien! nous n'avons rien fait, et nous ne ferons rien!

Il ne nous reste qu'un espoir, qu'un rève irréalisé encore: l'application de l'envahissante électricité au travail voluptueux de nos sens.

Et même doutons-nous, misérables que nous sommes, dans notre espérance dernière: car peut-être l'amour et le désir ne sont-ils que des phénomènes dynamo-électriques; nos sexes, des accumulateurs ou des piles chargés de voltes et d'ampères, et desquels jaillit, par l'approche d'un pôle contraire la resplendissante électricité de l'amour.

Donc, je nie le vœu du Maître, et je pose cet axiôme: à coté du progressible, il est en nous des choses immuables, éternelles, et qui pourtant ont leur histoire.

Elle manquait à la Légende, cette partie de la chronologie universelle.

Je l'essaie.

Et si V^or Hugo, jaloux de voir reprendre et parachever, son œuvre insinue méchamment que je me suis taillé une plume érotique sur l'aile de son aigle, que je titille une Muse nymphomane du frottement de ma pensée: V^or Hugo est injuste, et il est petit.

J'insiste et je cherche les causes.

Pourquoi le poëte, faisant une œuvre grande, fit-il une œuvre incompléte?

Pourquoi ce romantique oublia-t-il la parole de Goëthe: ,,N'écris rien sans y mettre un grain de folie"? Pourquoi négligea-t-il le point le plus puissamment humain de l'histoire humaine?

Il a dit l' Homme; il a dit la Femme. Pourquoi n'a-t-il pas dit l' Homme sur la Femme?

L'oublia-t-il? — Non : on n'oublie pas la Volupté : demandez aux saints. Hugo la connut.

Il eut deux raisons pour la négliger.

Il soutenait une thèse, il voulait un principe : L'Homme progressible et progressant. La Volupté une et constante le gênait : il supprima la Volupté.

L'autre raison, nous la trouvons dans la vie intime du poëte, — il fut aimé jeune : il se tût. On parle peu de ce qu'on fait beaucoup.

Et ne nous dites pas qu'il se tût par pudeur !

La pudeur est une convention sociale, un préjugé sans consistance, une hérésie à la religion de Nature. — Virginie eut tort d'en mourir, Bernardin de Saint Pierre a tort devant Zola.

La pudeur est un mot ; la Volupté est une force.

La Volupté est sainte et féconde : la chanter, c'est peupler.

C'est échauffer la femme au sein glacé; c'est réveiller la jeunesse dormant dans les testicules du vieillard et du prêtre. Oeuvre d'humanité et de patriotisme ! — c'est donner des bras à l'agriculture, des soldats à la défense du sol; des têtes à la pensée et au travail du Progrès.

L'Allemagne se double en un siècle; il en faut deux à la France !

Je travaille à la revanche

Et c'est une tâche auguste, et Satan la bénit

La finirons-nous? — Le destin sait.

N'importe: nous commençons.

Rechercher quels furent les embrassements célèbres ou marquant une époque dans les phases de la grande Légende. Tout voir, dire un type de tout.

Depuis l'accouplement de ces deux corps sans nom que Leibnitz a rêvés, et du baiser desquels naquit la molécule; jusqu'à ce qui se fera dans le monde des âmes, par delà l'heure ou le clairon fatal aura sonné, quand l'essence de notre être moral, sans sexe, sans corps s'abimera, plein de religieuse lumière, dans une jouissance d'onanisme divin.....

Tout voir sous tous les cieux, sous tous les Dieux.

La Genèse: Adam et le premier coït; les Anges amoureux de la Femme; Sodome près de Gomorrhe, et les mâles consolés de la froideur du sexe faible; Onan fils de Juda, qui frustrait son épouse au profit de sa dextre.

L' Inde et le Boudha, la Chine et le Kongh-Fou-Tchéou, porté cent ans au ventre de sa mère; la petite Kéops, pyramide vénérienne, lente pyramide ou l'amour venait chaque matin poser une pierre nouvelle, apportée chaque nuit à la fille du Pharaon par un nouvel amant qui payait son bonheur en granit; et l'Egypte morte, après des siècles et des siècles, dans la dernière nuit de Cléopâtre.

Le paganisme grec, avec Pasiphaë se donnant aux bras

d'un taureau; Narcisse et ses soliloques; Danae et ses divines erreurs; et Sapho, l'aïeule des Paule Giraud; et Batyle pâmé sous Anacréon; et Diogène polluant de spermatozaires le pallium des Corinthiens.

La paganisme à Rome: jours de Saturne, jeux d'Isis, fêtes du Phallus; scènes ou la couche nuptiale est sans rideaux. Messaline impératrice de lupanar; Néron empereur amoureux d'une blessure. . . . .

Puis le Christianisme et ses premiers adeptes: Philippus le Diacre, et Madeleine la repentante.

Et ce sera la grande épopée du Moyen-âge, les Roland et les Olivier, ces preux sans fatigue.

Et les ans passeront, et les temps nouveaux apporteront les cours d'amour, les congrès, les épreuves du conchier et les droits de jambage.

Rabelais nous prêtera ses moines et son roi.

Notre ère de Progrès montrera ses collèges, ses couvents et ses bouges; Chlorose régnant sur la vertu et Syphillis présidant à l'Hymen.

Nous exciterons l'homme grave, nous effrayerons le lycéen, ayant placé le correctif à côté de l'érectif.

Et tout cela jeté pêle-mêle, au hasard de la conception, sans ordre, sans méthode, abandonné au tact et aux connaissances du lecteur qui classera les camées à leur âge.

Peu de pastiches: autant que le caprice nous demandera d'en faire.

Peut-être aussi ne trouvera-t-on rien de ce que nous promettons dans cette manière de table..... qu'importe? C'est d'un droit que nous usons. Les préfaces sont, comme les proclamations politiques, destinées uniquement à annoncer ce qui ne sera pas, ou à grandir une œuvre qui n'est point grande.

D'ailleurs nous affrontons tout: s'ils nous lisent, les poncifs et les pontifs nous couvriront d'ignominies et nous fleurdeliserons du mot de pornographe; les artistes seuls et les femmes comprendront que nous ne sommes qu'un lyrique, jouant au bilboquet avec la boule de son hystérie sur le manche de ses érections.

Et si, malgré le soin apporté par nous à quelques pièces, l'œuvre paraît ainsi trop facile et trop lâche en ses formes, nous répéterons encore que notre bût fut moral avant tout puisque nous rentrons dans la sainte Nature, et que nous avons fait tâche, moins souvent de Littérateur, que de Philosophe humanitaire et cynique.

EDMOND DE CHAMBLEY.

COÏT DES ATOMES.

A FERNAND ICRES.

RIEN n'était. Le Néant s'étalait dans la nuit.
Nul frisson n'annonçait un monde qui commence.
Sans forme, sans couleur, sans mouvement, sans bruit,
Les germes confondus flottaient dans l'ombre immense.

Le froid stérilisait les espaces sans fin :
L'essence de la vie et la source des causes
Sommeillaient lourdement dans le chàos divin,
L'âme de Pan nageait dans la vapeur des choses.

L'originelle Mort, d'ou l'univers est né,
Engourdissait dans l'œuf l'innomable matière :
Et sans force, impuissant, le Verbe consterné
Pesait dans l'infini, son œuvre tòut entière.

Soudain, sous l'œil de Dieu qui regardait, sans but,
Frémit une lueur vague de crépuscule.
L'atome vit l'atome ; il bougea. L'amour fut :
Et du premier Coït naquit la molécule.

Or, l'Esprit, stupéfait de ces accouplements
Qui grouillaient dans l'abime insondé du désordre.
Vit dans la profondeur des nouveaux firmaments,
D'infimes embryons se chercher et se tordre.

Pleins de lenteur pénible et d'efforts caressants,
Les corps erraient, tournaient, et s'accrochaient, sans nombre :
L'amour inespéré subtilisait leurs sens :
La lumière naissait des frottements de l'ombre.

Et les astres germaient. O splendeur ! O matins !
Chaudes affinités des êtres et des formes !
Les soleils s'envolaient sur les orbes lointains,
Entrainant par troupeaux les planètes énormes.

Des feux tourbillonnants fendaient l'immensité,
Et les sphères en rut roulaient leurs masses rondes,
Leurs flancs brulés d'amour et de fécondité
Crachaient à plein volcans le sperme ardent des mondes.

Puis les éléments lourds s'ordonnaient divisés :
Les terres s'habillaient de roches et de plantes ;
L'air tiède enveloppait les globes de baisers,
Et les mers aux flots bleus chantaient leurs hymnes lentes.

C'est alors, qu'au milieu du monde épais et brut,
Debout, fier, et criant l'éternelle victoire,
Chef-d'œuvre de l'amour, l'Etre-vivant parut !
— Et Dieu sentit l'horreur d'être seul dans sa gloire.

PHILOSOPHIE.

SONNET HONTEUX

A EMILE GOUDEAU.

'ANUS profond de Dieu s'ouvre sur le Néant,
Et, noir s'épanouit sous la garde d'un ange.
Assis au bord des cieux qui chante sa louange,
Dieu fait l'homme, excrément de son ventre géant.

Pleins d'espoir nous roulons vers le sphincter béant
Notre bol primitif de lumière et de fange ;
Et, las de triturer l'indigeste mélange,
Le créateur pensif nous pousse en maugréant.

Un être nait : salut ! Et l'homme fend l'espace
Dans la rapidité d'une chute qui passe :
Corps déjà disparu sitot qu'il apparait.

C'est la Vie : on s'y jette, éperdu, puis on tombe ;
Et l'Orgue intestinal soufle un adieu distrait
Sur ce vase de nuit qu'on appelle la tombe.

E D E N.

A FLORENT SCHEVING.

Dans l'éther infini, plein de profonds mirages,
Dans l'azur insodable et vierge de nuages,
Le grand soleil montait, lentement, gravement :
Et l'Eden, ébloui du long rayonnement
S'eveilla. La nature amoureuse et ravie
Entonna le concert éclatant de la vie.
Tout remuait : Adam, le seul et le dernier,
Dormait les poings fermés, à l'ombre d'un pommier !
De larges ronflements bourdonnaient sur sa lèvre :
Il avait eu la nuit des douleurs et la fièvre ;
Il avait fait un rêve, il avait mal aux reins :
Il avait cru voir Dieu, du haut des cieux sereins,
Descendre à petits pas, et la dextre divine
Avait pendant longtemps fouillé dans sa poitrine
Pour y ravir un os qu'elle avait emporté...
Adam dormait toujours. Debout a son côté,
Eve le regardait, soucieuse, étonnée.

Le jour venait de naitre où la femme était née.
L'homme ronflait. Une heure entière s'écoula ;
Eve, agacée enfin de le voir toujours là,

Eve, maligne et femme, Eve prit un pomme
Et la laissa tomber sur l'oeil du premier homme.
Adam se redressa d'un seul bond: „Mille dieux!"
Mais il aperçu Eve en se frottant les yeux.
Homme sans le savoir et galant de naissance
Il fit une profonde et grave révérence:
„Dieu fait bien ce qu'il fait; Eblis seul fait le mal."
Il se tût un instant, puis avec un sourire:
„Il fait bien chaud!"

EVE.

Oh oui.

ADAM.

Le soleil est très fort!

EVE.

Oh oui.

ADAM.

C'est étonnant ave ce vent du nord....
Car c'est le vent du nord qui vient de la montagne.

EVE.

Ah!

ADAM.

Oui... connaissez-vous un peu notre campagne?

EVE.

Moi? non. Je viens de naitre.

ADAM.

Ah! de naitre... Aujourd'hui?

EVE.

Oui.

ADAM.

Je vous félicite . . . . Eden vous plait-il?

EVE.

                              Oui.

ADAM.

Pensez-vous y rester quelques temps ?

EVE.

C'est probable.

ADAM.

Ah, tant mieux. Vous verrez : c'est un séjour aimable.
Je vous promènerai dans notre paradis.
Aimez-vous à causer ?

EVE.

Que dites-vous ?

ADAM.

Je dis:
Aimez-vous à causer ?

EVE.

                    Je ne sais pas encore ;
Je, ne peux pas savoir : je suis née à l'aurore.

Il se fit un silence. Adam pâle et songeur.
Promenait brusquement ses deux mains sur son cœur.

EVE.

«Vous cherchez quelque chose ?

ADAM.

Il me manque une côte !

EVE.

Dieu m'a créée avec: Ce n'est pas de ma faute.

ADAM.

Tiens . . . La drôle d'idée! Et quel est votre nom?

EVE.

Eve.

ADAM.

Oh, le joli nom!

EVE.

Vous me flattez . . . .

ADAM.

Mais non.

Moi, je m'appelle Adam.

EVE.

Adam . . ."

Nouveau silence:

Tous les deux s'étonnaient de tant de différence
Dans les formes du corps et les tons de la peau.
Adam la trouvait belle; Eve le trouvait beau
Ils se taisaient, mais ils raisonnaient en revanche.

Adam reprit enfin: — „Comme vous êtes blanche!
Pourquoi Dieu vous a-t-il mis des cheveux si longs?
Les miens sont courts et noirs, et les vôtres tout blonds.
C'est vraiment très joli, ces lourdes tresses blondes . . .

EVE.

Vous trouvez ?

ADAM.

Très joli . . . . Mais ces machines rondes,
Là sur votre poitrine. A quoi cela sert-il ?

EVE.

Je n'en sais rien, Mais vous, au dessous du nombril.
Qu'est ce que vous portez dans cette touffe noire,
Sur ce double coussin ?

ADAM.

Je m'en sers . . . . après boire.

EVE.

Seulement ? — Cela doit vous gêner pour marcher ?

ADAM.

Pas trop . . . On s'habitue.

EVE.

Est-ce qu'on peut toucher ?

ADAM.

Si vous le désirez . . .

EVE.

    J'en suis si curieuse.
Alors vous permettez ? . . . .'
    Eve blanche et rieuse,
Avança doucement ses petits doigts rosés,
Puis, s'arrêtant soudain :
    „ Je n'ose pas !

ADAM.

Osez!
Est-ce qu'il vous fait peur?

EVE.

Peur? oh non: je suis brave.
Tiens! C'est tout rouge au bout. On dirait une rave.
C'est pour le protéger sans doute, cette peau?
Ce n'est pas laid du tout.

ADAM.

Oh... ce n'est pas très beau

EVE.

Mais si: c'est très gentil."

Et les mignons doigts roses
Allaient, couraient, venaient, faisaient de courtes poses,
Comme des papillons voltigeant sur des fleurs.

EVE.

„Oh mais, regardez-donc. Il a pris des couleurs,
Comme c'est drôle! Il est plus grand que tout à l'heure
Il se dresse: il frémit. Ciel! Une larme; il pleure!"

Eve essuya la larme à ses cheveux dorés.

EVE.

Il pleure! Il pleure encore! Est-ce que vous souffrez?

ADAM.

Au contraire.

2

EVE.

Oh, Monsieur Adam! il est énorme,
Maintenant il n'a plus du tout la même forme.
C'est très raide et très dur . . . A quoi peut il servir?

Adam lui répondit, dans un profond soupir:
„Est-ce que vous croyez qu'il sert à quelque chose?
                              EVE.
Je n'en suis pas très sûre: au moins je le suppose.
Vous m'avez dit tantôt: „Dieu fait bien ce qu'il fait."
Toute chose a son but si ce monde est parfait.
                         ADAM.
Oui si Dieu m'avait dit ce qu'il veut que je fasse
De ce . . . Mais vous, comment? . . . .
                         EVE.
                              Moi je n'ai que la place.
C'est peut-être un oubli: voyez.
                         ADAM (cherchant trop haut)
                              Je ne vois rien
                         EVE.
Non: pas là, maladroit! Ici . . . Regardez bien.
                         ADAM.
C'est juste! On vous a même arraché la racine!
La fosse est encor fraiche . . . Est-ce que la voisine
communique? . . . . . . Pour voir, si je mettais le doigt!
                         EVE.
Mettez ce qu'il faudra.
                         ADAM.
                    Diable! C'est bien étroit!"

Il glissa sous la femme une main caressante . . . .
Eve bondit, l'œil clos, la croupe frémissante,
Les seins tendres, les poings crispés dans ses cheveux.
Tout son être frémit d'un long frisson nerveux.
Et le soupir mourut entre ses dents serrés.

,,Encore !" Elle entr'ouvrit ses deux cuisses cambrées
Et le premier puceau vint tomber dans ses bras !
,,Encore ! Cherche encore ! Oui. Tant que tu voudras."

Comme il croisait ses mains sous deux épaules blanches.
Adam sentit deux pieds se croiser sur ses hanches.
Leurs membres innocents s'enlaçaient, s'enmêlaient
S'ils avaient pu savoir, au moins ce qu'ils voulaient !

O pucelage ! Alors presque sans le comprendre
Tous deux en même temps, d'une voix faible et tendre,
Murmurèrent : « Je t'aime ». Et le premier baiser
Vint, en papillonnant, en riant, se poser
Et chanter doucement sur leurs lèvres unies.

Dieu, pour les ignorants, créa deux bons génies :
L'Instinct et le Hasard. Or, au bout d'un instant,
Eve avait deviné ce qui l'intriguait tant.

Avez-vous jamais vu le serpent que l'on chasse ?
De droite à gauche, errant, affolé, tête basse,

En avant, en arrière, il va sans savoir où.
Il s'élance; il recule; il cherche; il veut un trou,
Un asile ou cacher sa fureur écumante.
Il cherche : il ne voit rien et son angoisse augmente,
Mais lorsqu'il aperçoit l'abri qu'il a rêvé,
Il entre et ne sort plus. — Adam avait trouvé !
Un cri, puis des soupirs; l'homme a compris la femme.

Les deux corps enlacés, semblaient n'avoir qu'une âme.
Ils se serraient, ils se tordaient, ils bondissaient.
Les chairs en feu frottaient les chairs, s'électrisaient
Les veines se gonflaient. Les langues acérées
Cherchaient une morsure entre les dents serrées
Des nerfs tendus et fous, des muscles contractés,
Des élans furieux, des bonds de volupté . . .
Plus fort ! Plus vite ! Enfin c'est la suprême étreinte,
Le frisson convulsif . . .

               Eve, alanguie, éteinte,
Se pâme en un soupir et fléchit sur ses reins;
Ses yeux cherchent le ciel, son cœur bat sous ses seins,
Son beau corps souple, frêle, et blanc comme la neige,
S'arrondit, s'abandonne au bras qui la protège.
Adam, heureux et las, se couche à son coté.
Puis, tous deux, lourds, le sein doucement agité

Comme s'ils écoutaient de tendres harmonies,
Rêvent dans la langueur des voluptés finies.
Mais Eve : „ — Dieu, vois-tu, ne fait rien sans raisons.
Dieu fait bien ce qu'il fait ... Viens là ! recommençons. ...”

SOLITUDE.

A Me ETIENNE D..., magistrat.

PENDANT que je suis là sur mon lit, seul et nu,
    Tendant les mains à l'inconnu;
Cherchant dans l'ombre épaisse une forme vivante
    Pour l'étreindre de mes deux bras;
Inventant tout ce que la solitude invente
    Pour se dédoubler dans les draps.

Pendant que le sang bout dans tes nobles artères,
    Sceptre rutilant de mes pères;
Pendant que je te tiens, raidi, gonflé, tendu,
    Sous l'édredon que tu soulèves;
Pendant que je m'épuise à noyer ma vertu
    Dans l'humidité de mes rêves.

Pendant que je me tords sur mon axe viril
    Comme Saint Laurent sur son gril;
— O femmes! Qui dira la foule involontaire
    Des pucelles qu'on fait moisir?
Qui dira les doigts blancs dont l'effort solitaire
    Gratte l'écorce du plaisir?

A vous! je songe à vous, chastes filles du monde

Que nul ne titille ou ne sonde ;
Clitoris sans amour des vierges par devoir,
Muqueuses en rut, cœurs en peine.
C'est pour vous que j'agite et que je fais pleuvoir
Ce qui vous manque et qui me gêne.
Car j'ai votre idéal, si vous avez le mien !
Venez, Prenez : C'est votre bien.
Vous pour moi, moi pour vous ; qu'on aime et qu'on
se serre !
Libre échange ! Secours mutuel !
Ah, venez ! Unissons notre double misère :
Nos deux enfers feront un ciel.

Au festin de l'amour nous ferons table rase.
J'ai la liqueur et vous le vase . . .
Vous tendrez votre coupe à mes deux échansons.
Moi généreux et vous avide :
Fête longue et vins chauds ! A nos santés : versons
Mon trop plein dans votre trop vide !

BALLADE
DES
MALSÉANS PUCELAIGES.

A MAISTRE FRANÇOIS VILLON, Souteneur et Poëte.

NCQUES n'aurai la preude gent pucelle.
     Servent á quoi? N'usent fors qu'en pissant.
Craignant toujours que rumpiez leur vesselle.
Tant l'huis d'amour que les tettes mussant,
S'en vont, nez bas comme barbet qui sent.
Du col au mols, sont drapel et drapille
Male heur sur vous si les touchez, disant :
« Ouvre ton caz qu'y boute une cheville ! »

Or, Dieu ne fait le beau pour qu'on le cèle ;
Fait pour monter femme et cheval de sang ;
Pucelle fait, pour qu'on les despucelle ;
Pour cent perthuis fait de bouchons un cent.
Lors, par despit, quand une ne consent,
Il sonne un pet sonnant comme trompuille,
Et peu se fault qu'il ne clause en tançant
« Ouvre ton caz qu'y boute une cheville ! »

Mieulz vault Margot que Kathe de Vausselle :
Sade à chascun, hobe soulz tout passant
Tousiours à dos pour qu'on lui grimpe en selle,
Huche au second quand le premier descend.
Sans crys, sans pleurs, et ses cottes troussant,

Elle vous doint son oystre sans coquille ;
Et doulz, très doulz, d'un fin det caressant.
«Ouvre son caz et boute la cheville.»

Envoi.

Prince, si grand que soyez et puissant.
Point ne regnez, si déboute une fille.
Quand requérez, votre sceptre dressant :
«Ouvre ton caz, qu'y boute une cheville ! »

PASIPHAË.

A VICTOR D'AURIAC.

Hic crudelis amor tauri, supportaque furto
Pasiphaë
VIRGILE (Enéide Livre VI.)

L'infamia di Creuta era distera
Che fut concetta nella falsa vacca
DANTE (Enfer.)

MIDI ! Le ciel profond et d'un Cobalt intense :
Comme une lampe d'or pendue au Zénith bleu,
Le soleil qui montait s'arrête et se balance :
Ses rayons verticaux vibrent dans l'air en feu.

Les monts, les champs, baignés de clartés odorantes,
Rêvent sans mouvement dans leur vaste sommeil.
L'île nage, au milieu, des vagues transparentes
Dont chacune miroite et reflète un soleil.

La mer chante : le flot, tiéde et blanchi d'écume
Lèche le sable ardent qui fume dans le port.
Le parfum lourd des fleurs pèse comme une brume
Dans l'atmosphère épaisse ou la brise s'endort.

La sève bout ; le fruit est mûr ; la vie éclate :
Les muscats jaunissants cuisent sur les côteaux ;
Le pâtre, désertant la lande aride et plate,
Sous les blancs oliviers a conduit ses troupeaux.

Et dans le bois sacré sa royale retraite,
Sous les myrtes neigeux du temple d'Astacté,
La fille du Soleil, Pasiphaë de Créte,
Moule dans les coussins sa brune nudité.

Les tons mats de sa chair ont des reflets d'ivoire ;
Les cheveux sur son sein roulent comme des flots,
Et l'éclair brille, au fond de sa prunelle noire,
Sous le voile lascif des cils à demi clos,

La voila ! C'est la Reine aux fureurs histériques :
Pour éteindre l'ardeur de ses sens allumés.
La voila se cabrant, frottant ses chairs lubriques
Sur le baiser soyeux des tissus parfumés.

Hélios ! tu la vois, crispant ses membres lisses,
Mordant ses propres bras et tordant ses cheveux ;
Une peau de lion serrée entre ses cuisses,
Elle s'arque, du cou jusqu'aux jarrets nerveux !

En vain trente guerriers, les plus beaux de la Grèce,
Ont sous leurs reins musclés pétri son torse nu ;
Surexcités par leur impuissante caresse,
Ses flancs inassouvis ont rêvé d'inconnu.

En vain, pour la calmer Bacchantes et Tribades
De leurs touchers savants ont énervé son corps;
Elle a pris en dégout ces voluptés trop fades:
La Fille du Soleil veut des muscles plus forts!

Or, elle a vu là-bas sur les fauves lagunes,
Dans la chaleur du rut passer un taureau blanc:
Il allait, bondissant sur les génisses brunes,
Et ses rouges naseaux aspiraient l'air brulant.

Et la reine le veut, le fier taureau de Crète!
Elle veut son amour profond et vigoureux.
Dédale l'a comprise et la statue est prête:
La génisse de bronze entr'ouvre ses flancs creux.

—⁓⁓⁓—

Qu'elle est superbe et vraie! On la dirait vivante
Les cornes de son front sont droites vers les cieux;
Un rêve inconscient dort au fond de ses yeux
Son poitrail s'arrondit; sa large queue évente
Et bat sa hanche au poil soyeux!

Sur les voluptueux tapis du gouffre vide
Pasiphaë, l'œil fixe et le sein haletant,
S'agenouille et s'écarte. Elle a peur un instant;
Puis la croupe levée, impatiente, avide
La voici prête; elle l'attend!

Il a mugi ! C'est lui ! C'est son pas ! il s'élance.
Il embrasse l'airain sous son ventre puissant ;
La voûte en retentit. Plein des fureurs du sang.
Il cherche ; son désir oscille et se balance.
   Enfin il trouve. Elle le sent !

Sa main prompte a saisit le trait qui la caresse ;
Sa main douce le guide. Ici, monstre indompté !
Un cri ! . . . Mort ou bonheur ? Torture ou volupté !
Les chairs baillent : il glisse, il pénètre, il se dresse
   Dans sa mâle rigidité.

Aux fonds inexplorés de la gorge féconde !
Au fond de l'être ! Au fond des canaux convulsés !
Comme un fer rouge ! Encore ! Oh pitié ! C'est assez.
Le glaive securé la déchire, la sonde.
   Et met en sang ses reins brisés !

Pas de grâce, non ! Grâce ! Il avance, il se pousse !
Ou donc s'arrêtera son intraitable effort ?
Il se roidit. Toujours plus loin, toujours plus fort !
Pasiphaë bondit, et pour chaque secousse
   Elle râle, hurle et se tord !

Ses dents grincent ; sa lèvre écume de salive ;
Ses doigts ensanglantés meurtrissent ses seins blancs.
Elle ondule et frémit sur ses genoux tremblants ;
Ses muscles contractés serrent la force active
   Qui fouillent la nuit de ses flancs !

O volupté ! Douleurs ! Spasmes ! Rage inouie !
Oh ! quelque chose à mordre, une lèvre, un baiser !
Le sang bout dans la veine et bout à la briser !
Il court en jets de feu, comme un torrent de pluie
     Dans les chairs qu'il vient arroser !

Soudain, le nerf gonflé se tend et la soulève :
Palpitante, pendue à ce levier vainqueur,
Elle a senti jaillir une épaisse liqueur
Qui coule, lave ardente, intarissable sève
     Et regorge jusqu'à son cœur.

Elle s'ouvre et déborde ! Elle étrangle, elle presse
Le dard chaud qui s'agite avec des élans fous !
C'est le dernier frisson, le plus fort, le plus doux
Enfin lasse, inondée et ruisselante d'ivresse
     Elle fléchit sur les genoux.

Son beau corps assouvi ; roule comme une masse
Sur les coussins froissés de sa prison d'airain.
— Mais déjà le taureau hume le vent marin,
Et rêve, en regardant l'horizon qui s'efface
     Dans la vague du ciel serein.

LA FLÛTE.

TRIOLETS.

A LÉOPOLD ALLARD.

Quand les vers m'auront désossé
  Tout nu, tout sec dans mes six planches;
Fait de trous comme un bas percé,
Quand les vers m'auront désossé;
Quand le temps grave aura lissé
Mon vieux squelette aux maigreurs blanches
Quand les vers m'auront désossé
Tout nu, tout sec dans mes six planches:

Alors, gaiement venez me voir,
Chœur lascifs des vierges à naître
Qui vivrez trop tard pour m'avoir....
Alors, gaiement venez me voir!
Vous lèverez le marbre noir,
En me creusant une fenêtre,
Alors, gaiement venez me voir,
Chœur lascif des vierges à naître.

Vous chercherez, parmi mes os
Cet os viril qui fut mon membre :
Près des fémurs, au bas du dos
Vous chercherez parmi mes os.
Roide encore dans son repos
Comme un athlète qui se cambre
Vous chercherez parmi mes os
Cet os viril qui fut mon membre.

Vous le verrez très long, très fort
Dur au contour et creux au centre :
Veuf de son double contrefort,
Vous le verrez très long, très fort
L'os vaillant qui sous son effort
Fora tant d'ithomes au bas-ventre :
Vous le verrez très long, très fort
Dur au contour et creux au centre.

Hélas, j'en aurai fait mon deuil :
Emportez-le, je vous le donne.
Il fut ma force et mon orgueil,
Hélas, j'en aurai fait mon deuil !
Dans le célibat du cercueil,
On dort seul, et la mort chaponne....
Hélas, j'en aurai fait mon deuil :
Emportez-le, je vous le donne !

Vous percerez sept trous, sept trous,
Et le canal deviendra flûte :
Dans l'os sonore, aux reflets roux,
Vous percerez sept trous, sept trous,
Pour accompagner les froufrous
Des jupons que froisse la lutte :
Vous percerez sept trous, sept trous,
Et le canal deviendra flûte.

Sur la gamme des baisers nus
L'amour va chanter sa romance :
Soufle dans ma flûte, O Vénus !
Sur la gamme des baisers nus
Souffle tes airs les plus connus :
Voici le bal qui recommence ;
Sur la gamme des baisers nus
L'amour va chanter sa romance.

Do, ré, mi, fa, sol, la, si, do :
La valse horizontale danse,
Tourne, ondule sous le rideau ;
Do, ré, mi, fa, sol, la, si, do . . . .
La flûte suit le crescendo
Et rythme l'amour en cadence.
Do, ré, mi, fa, sol, la, si, do :
La valse horizontale danse.

Et l'os vibre sous le baiser
Au souffle de la lèvre rose :
L'air chaud le gonfle à le briser !
Et l'os vibre sous le baiser
Du doigt blanc qui court se poser,
Va, revient, remonte, et se pose....
Et l'os vibre sous le baiser
Au souffle de la lèvre rose !

Ainsi j'attendrai doucement.
Sur la bouche des belles filles.
L'heure auguste du jugement.
Ainsi j'attendrai doucement,
Joyeux de pouvoir en dormant
Conduire encore les chauds quadrilles
Ainsi j'attendrai doucement
Sur la bouche des belles-filles.

SONNET-POINTU.

EVIENS sur moi! Je sens ton amour qui se dresse;
Viens j'ouvre mon désir au tien, mon jeune amant.
La... Tiens... Doucement... Vas plus doucement ..
Je sens, tout au fond ta chair qui me presse.

Rythme ton ardente caresse
Au gré de mon balancement,
O mon âme... Lentement,
Prolongeons l'instant d'ivresse.

Là... Vite! Plus longtemps!
Je fonds! Attends.
Oui... Je t'adore...

Va! Va! Va!
Encore!
Ha!

A UNE VIERGE.

Je veux cueillir la fleur de ta virginité,
Savourer à longs traits les sucs de ton calice:
Comme le frelon ivre et lourd d'avoir fêté
Les corolles, je veux que ma lèvre pâlisse
A boire tes mortels parfums de volupté.

Fais chanter ton baiser : C'est le roi des poëmes.
J'apporte l'Infini que ton rêve a cherché.
C'est moi qui t'ouvrirai le Ciel, puisque tu m'aimes;
Et tu la connaitras, l'extase du pêché.
Qui fait les cœurs pâmés et qui fait les fronts blêmes!

C'est la fin, c'est le but secret de tous nos vœux;
C'est le levier du monde et le ressort de l'âme;
C'est la force qui crée et fait dire: „Je veux!"
C'est le sceptre que Dieu mit aux mains de la femme,
Et la couronne d'or qui luit dans ses cheveux.

C'est elle qui me fait ta chose et ton esclave,
Courbe à tes pieds mon col et mes genoux brisés,
Et fair bouillir mon sang comme un torrent de lave.
Mère des Univers et fille des Baisers
Elle ne souille pas, la divine: elle lave!…

Car c'est l'amour qui rend meilleur. Et rien n'est vrai
Hormis la Volupté, qui te créa si belle,
Qui me versa le vin dont je t'énivrerai,
Qui fit ta lèvre rose et noire ta prunelle,
Qui fit que je t'adore et que j'en ai pleuré.

Viens au ciel, Ange, viens au ciel! Tu veux; j'implore:
Silence à ton orgueil! Viens, et quand tu sauras
Quel est ce paradis que ta jeunesse ignore,
Tes désirs suppliants me prendront dans leurs bras
Pour me baiser la bouche et murmurer: „Encore!"

AUX INTERNES DE LOURCINE

PRÊTRES DU TEMPLE DE DAME VÉROLE
JE DÉDIE CES HIDEUX TERCETS ÉCRITS EN LEUR HONNEUR.

PORTES D'ENFER

> O horror, horror, horror! Tongue
> nor heart cannot conceive nor name thee!
> (SHAKESPEARE, MACBETH. Acte II Scène I.)

R, j'étais descendu par les routes de Dante,
et j'entendais au loin le cri sourd des démons
qui tournent les damnés dans la fournaise ardente.

Et j'allais... Et j'allais escaladant les morts,
traversant les forêts, et longeant sur les plages
les lacs lourds qui dormaient dans l'algue et les limons.

Seul, j'allais, sous le ciel tout saignant des nuages
dans la lumière fauve et louche du couchant.
Et j'allais:... je marchai bien longtemps, bien des âges.

Ainsi je vins, au seuil qu'habite le Méchant
vers les replis squammeux des cols syphilitiques;
Là, mon être en frayeur s'arrêta, trébuchant.

Deux chainons colossaux de montagnes antiques
s'étalaient, convergeant en un point de la nuit,
comme un écartement de cuisses fantastiques.

Effroyablements nus et froids, sans fleur, sans fruit,
ces monts cyclopéens étaient de marbre rose,
et leurs formes avaient la rondeur qui séduit.

Leur angle obtus s'ouvrait, lascif dans une pose
d'attente féminine, et loin dans le lointain
le méat infernal baillait, fente mal close...

Jour de Dieu! j'en ai vu le soir ou le matin,
j'en ai touché du doigt; des cons et des matrices
éprouvés et meurtris par les coups du destin.

J'en ai vu des périnés marqués de cicatrices,
et j'ai vu, distendus par les efforts du temps,
le sourire plissé des lèvres de nourrice.

J'ai vu culs bourgeonneux comme vigne au printemps;
j'ai vu laids et railleurs dans leur barbe de Faune,
sur de vieux clitoris des capuchons flottants.

Et des canaux ocreux coulant comme le Rhône;
et des lèvres de femmes usées au braquemart
dont chaque pli pendait, rouge, bleu, noir ou jaune.

Cons pourris de Lourcine et cons morts de Clamart,
je vous ai vus, baignés d'un jus multicolore,
nager, flasques, dans une odeur de vieux homard.

Mais j'en jure Duval, Inès & veuve Laure,
je n'avais jamais vu si terrible hideur,
et rien qu'au souvenir mes mains tremblent encore!...

Un vaste Himalaya, fendu par l'impudeur,
entr'ouvrait sur la nuit deux lèvres titanesques
dont les rides sans fond sillonnaient la raideur.

L'usure avait plaqué ses vertes arabesques;
et l'eau, lourde de souffre et de fer, suintait,
peignant sur les rocs bruns de grands chancres en fresques.

En bas, un lac gluant de flueurs clapotait,
et noirâtre, il luisait dans ses grèves d'écume,
miroir géant, que la pourriture argentait.

Un vent soufflait chargé de naphte et de bitume:
sa puanteur avait de telles densités
qu'on la voyait passer dans l'air, comme une brume.

Et tout en haut perdu dans les obscurités
sur le mont de Vénus, un bois d'arbres farouches
tordait ses troncs nerveux sous les cieux empestés.

Par centaines, velus et roulant leurs yeux louches,
des poux rôdeurs, plus hauts que de vieux éléphants,
rampaient, collant au sol les suçoirs de leurs bouches.

Or, Satan, père et dieu des chancres triomphants,
a gravé sur le seuil le grand vers de Florence
qui fait devant la Vulve hésiter les enfants.

Vous qui pénétrez là, laissez toute espérance.

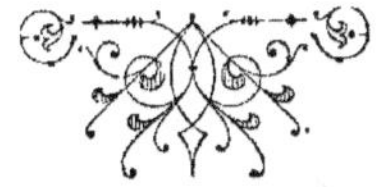

O U V R E.

Ouvre les yeux, réveille-toi
    Ouvre l'oreille, ouvre ta porte
C'est l'Amour qui sonne et c'est moi
    Qui te l'apporte.

Ouvre la fenêtre à tes seins;
Ouvre ton corsage de soie;
Ouvre ta robe sur tes reins:
    Ouvre qu'on voie!

Ouvre à mon coeur, ton coeur trop plein:
J'irai les boire sur ta bouche!
Ouvre ta chemise de lin:
    Ouvre qu'on touche!

Ouvre les plis de tes rideaux:
Ouvre ton lit que je t'y traine:
Il va s'échauffer sous ton dos.
    Ouvre l'arène.

Ouvre tes bras pour m'enlacer
Ouvre tes seins que je m'y pose
Ouvre aux fureurs de mon baiser
    Ta lèvre rose!

Ouvre tes jambes; prends mes flancs
Dans ces rondeurs blanches et lisses;
Ouvre tes deux genoux tremblants....
    Ouvre tes cuisses!

Ouvre tout ce qu'on peut ouvrir
Dans les chauds trésors de ton ventre
J'inonderai sans me tarir
    L'abime où j'entre.

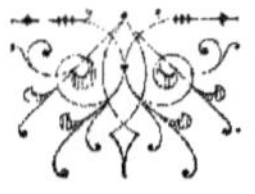

SONNET À MA MIE.

E regrette le tems ou, tout bardé de fers,
  Hampe au poing, dague au flanc, on errait par le monde;
Le tems ou l'on vêtait le heaume à grille ronde,
Le gorgerin de cuir, la gambe et le hauber.

Coups de masse et d'estoc! On était fort et fier:
On se navrait gaiement, pour le los de sa blonde;
Le cœur était loyal et la valeur féconde:
Les gentils preux n'avaient souci que de l'Enfer.

On ne se cachait point pour rêver à sa mie:
On s'aimait sans remords, et nul n'en gaussait mie.
Seul, le parjure aux vœux d'amour était félon.

Beau tems! j'eusse porté tes couleurs, ta devise,
Et ton nom brodé d'or sur mon blanc gonfalon.
Une nuit m'eut faict roi, qui t'eut faicte marquise!

DANAÉ.

E Soleil meurt: Hesper flambe,
            La tour d'argos
    Est un airain massif et ses murs sont bien clos.
Trente Achaïens, héros de haute et forte taille,
Casqués et cuirassés comme pour la bataille,
Le javelot au poing et le glaive au côté,
Veillent, gardiens jurés d'une virginité.
Donc, Acrise a bâti dans la voute sonore
Un cachot que Phoïbos Hébébolos ignore:
Quinze verrous d'acier que l'on ferme à secret
En défendent l'entrée à l'Eros indiscret.

C'est là que Danaé, l'Argienne aux nattes blondes
La fille aux languissants regards, aux fesses rondes,
Sans amour à vingt ans, se déflore et languit.

„ — Oh, vivre ainsi loin d'eux, loin du ciel, loin du bruit!
Vénus, je veux aimer!" Et débordant de sève,
Elle tord sur le lit, complice de son rêve,
Les longs et chauds ennuis de sa lourde vertu.

Elle a senti le soir, et son cœur a battu
„ — Seule une nuit encor, hélas!” Elle soupire.

Car c’est l’heure d’aimer! C’est l’heure ou le Satyre
Poursuit par les bois sourds et les sentiers ombreux
La Dryade qui rit et fuit vers l’autre creux.
C’est l’heure ou le soleil se penche sur la terre;
L’heure ou les myrtes blancs de Gnide et de Cythère,
Aux chansons des baisers mêlent des chants d’oiseaux;
L’heure ou le vent lascif caresse les roseaux;
Tout plein de voluptés et de senteurs de roses
C’est le réveil de l’amour! C’est le réveil des causes!

— „Seule encor!” Danaé se pleure dans la nuit.
Mais, la-haut, l’œil d’un dieu la guette et la poursuit.
Elle a mis dans ses mains son beau front qui s’incline:
Elle songe aux raideurs de la chair masculine;
Aux grands boucs qu’elle a vus courir parmi les prés,
Serrant la chêvre en rut contre leurs dards pourprés,
Aux taureaux traversant le flanc des vaches rousses,
Et par élans fougueux, par bonds et par secousses,
Devenant tout d’un coup semblables à des dieux!
Elle songe aux assauts de l’amant radieux,
Aux muscles étreignant le baiser qui s’y plonge,
Au frottement qui brule et qui noie! Elle songe....

Silence! Elle s’endort les deux bras grands ouverts....
Il pleut de l’or, il pleut!

des plafonds découverts.

Le scintillant métal miroite et tombe en pluie,
Et la vierge, les yeux fermés, mais éblouie,
Voit passer dans le bleu des gouttes de soleil.
C'est bien de l'or: il pleut! A travers son sommeil
Elle rit à la blonde averse. Goutte à Goutte!
Or, Azur! Que c'est beau! Comme il pleut! Elle écoute
Chaque perle en sifflant passe gaiement dans l'air,
Et dans le cœur qui bat son crépitement clair
Fait chanter un écho qui vibre avec sà chute.

L'orage étincelant grossit. Chaque minute
Verse par milliers les belles larmes d'or,
Le flot torrentiel se presse. Encor! Encor!
Le sol a disparu. L'or coule, l'or ruiselle.
Rien que de l'or, de l'or partout. L'or s'amoncelle:
Ici, là. Sur le sol, la couche et les coussins;
Sur elle, sur le front, les bras, le cou, les seins;
Sur les flancs arrondis, sur le ventre qu'il baise;
La poitrine se gonfle et palpite. L'or pèse,
Lourd, massif étouffant sur ce corps endormi.
Il s'échauffe, — il s'anime....

O Pan! il a frémi.
Les molécules d'or se cherchent et s'unissent.
C'est comme un cœur qui bat. Les formes s'arrondissent,
Il prend un corps, il prend une âme....

Un homme? un Dieu?
Qu'importe, puisqu'il vit, que sa lèvre est en feu,
Et que son bras musclé sait étreindre une femme.
Il vit, il sait! Il a la vigueur et la flamme!
C'est un être viril: la vierge l'a compris!
C'est le mâle rêvé qui l'assiège.... Oh, ces cris!
Elle ouvre ses genoux, ses baisers, tout son être.
L'or brulant se raidit, se tend.... L'or la pénêtre....
Zeus! au fond! Zeus, plus loin! Le dieu peut ce qu'il veut.

Il pleut! Mais ce n'est plus de l'or! Il pleut! Il pleut!

L'ÉTERNITÉ.

'ÉTERNITÉ! — Dieu m'en préserve;
C'est assez de vivre une fois.
Moisir à l'état de conserve
Comme un bocal de petit pois,
>> Dieu m'en préserve!

L'Éternité! — Point ne m'en faut,
C'est tentant comme un jour de pluie:
Un enfer ou l'on a trop chaud.
Un Paradis ou l'on s'ennuie.
>> Point ne m'en faut!

L'Éternité! — c'est dérisoire,
Pas de corps, des âmes partout:
Rien à peloter, rien à boire;
Pas moyen de tirer son coup.
>> C'est dérisoire!

L'Éternité! L'Éternité!
Sans amour que faire d'une âme?
Mahomet m'eut bien tenté,
Ah! si l'on passait sur la femme
>> L'Éternité!

RONDEL MÉLANCHOLISME.

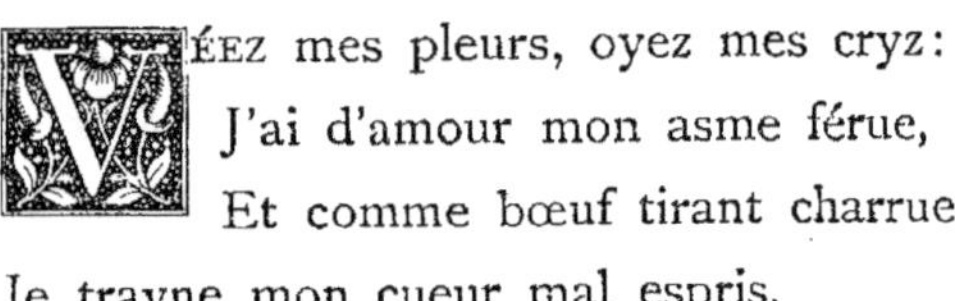

ÉEZ mes pleurs, oyez mes cryz:
  J'ai d'amour mon asme férue,
  Et comme bœuf tirant charrue,
Je trayne mon cueur mal espris.

Ma belle m'a gaussé de ryz
Et s'en est ma tendresse accrue:
Véez mes plours, oyez mes cryz.

Lors! Pour m'endormir ses mespris.
Je l'ai de mes plaintes recrue;
Mais pour que ma peine soit crue,
L'or me fault, à payer son prix:
Véez mes pleurs, oyez mes cryz!

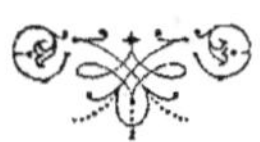

LA VIEILLE.

A MAURICE ROLLINAT.

ELLE à faire damner les anges et les saints
Elle trôna vingt ans, sans amour et sans joie.
Etouffant la splendeur mourante de ses seins
Dans des murs de velours et des prisons de soie.

Fermant son cœur d'ascète aux hommes méprisés.
Elle régnait d'en haut, froide comme une Hécate;
Et jamais jour ou nuit, un frisson de baisers
N'effleura les duvets de sa chair délicate.

Quand elle agenouillait son orgueil aux autels,
Elle remerciait la vierge d'Idumée
D'avoir lavé sa peau de nos désirs mortels,
Et mis dans son corps pur le dégout d'ètre aimée.

Une auréole d'or sur l'or de ses cheveux,
Elle allait par la vie, implacable et sereine,
Et riait d'écouter les sanglots de nos vœux
Qui ralaient dans les plis de sa robe de reine.

Vingt ans, et puis trente ans encore, elle attendit.
Sa vertu, comme un tigre indompté qu'on affame
Aiguisa cinquante ans son vorace appétit.
Puis, soudaine hurla: la statue était femme!

Le serpent du désir déroule ses anneaux,
Et le remors tardif, sifle au cœur qui s'éveille.
L'impassible se tord sur ses draps virginaux.
La Vénus qui se venge écorche sa chair vieillie.

Oh! les chassés d'hier s'ils venaient à présent!
En foule, s'ils passaient! Tour à tour, tous ensemble,
S'ils daignaient la pétrir et sucer jusqu'au sang,
Sa mamelle qui glisse et son ventre qui tremble!

Dieu! comme on vautrerait ses lèvres sous leurs crins!
Dans quelle immense extase on boirait leurs caresses,
Et comme à deux genoux on lècherait leurs reins
Pour y puiser sans fin l'ivresse des ivresses!

Mais les jours sont passés de triomphe et d'orgueil!
Dans l'âpre isolement de sa couche dernière,
Crispant ses membres secs sous ses rideaux en deuil,
Elle bave d'amour en attendant sa bière.

Trop tard! Trop tard! ses doigts se fouillent en chemin :
Elle tord ses yeux blancs ou luit l'éclair d'un rêve ;
Et sa virginité d'antique parchemin
Craque, comme la peau d'un vieux tambour qu'on crève.

LA JEUNE.

SONNET.

A CHARLES BUET.

'AI rêvé d'une vierge impeccable aux yeux froids,
  Qui d'un bond émergeant des moiteurs de sa couche.
  Vient accrocher le poids de son corps à ma bouche.
Et pointe sur mon cœur le roc de ses seins droits.

Longtemps pieuse et chaste elle a porté la croix
De l'orgueil vertueux que nul désir ne touche ;
Mais voila que le rut s'est éveillé, farouche,
Et la chair en révolte a réclamé ses droits....

Elle plaque à ma peau, la peau d'un ventre ferme
Et furieusement crispée, elle m'enferme
Dans l'effort ingénu de sa lubricité.

Ses canines d'enfant mordent ma chair de mâle....
A moi, toute ! Et la fleur de sa nubilité
Pourpre s'épanouit sous l'onde baptismale.

L'OBSESSION.

A CHARLES MORICE.

vase de volupté,
Je t'aime Femme, Beauté!
Je suis un Faune hanté
· Par la luxure:
Brute vouée au plaisir
Chair condamnée à gémir
Sous la meule du désir
Qui me pressure.

Un rut fou tient mon destin:
Mais j'adore le festin
Que du soir au matin
Mon sang arrose,

Je suis le joyeux martyr
Qui se grise de sentir
Sa chair vive s'engloutir
Sous la dent rose.

Chaque femme je la veux !
Des talons jusqu'aux cheveux
J'emprisonne dans mes vœux
    Les inconnues ;
Sous leurs jupons empesés
Mes rêves inapaisés
Glissent de sournois baisers
    Vers leurs peaux nues.

Je déshabille leurs seins : .
Mes caresses par essains,
S'abattant sur les coussins
    De leurs poitrines ;

Je me vautre sur leurs flancs
Ivre des parfums troublants
Qui montent des ventres blancs
    A mes narines.

Vous aussi, Nymphes, splendeurs
Que pour mes fauves ardeurs
L'or du pinceau sans pudeur
    A dévêtues.

Vos formes, obstinément,
Me tirent comme un aimant :
J'ai de longs regards d'amant
    Pour les statues.

Donc je promène ma main
Aux rondeurs du marbre humain,
Et j'y cherche le chemin
        Ou vont mes lèvres.
Ma langue en fouille les plis;
Et sur les torses polis
Buvant les divins oublis
        J'endors mes fièvres.

Ainsi, toujours tourmenté
Par des soifs de volupté,
J'emplis de lubricité
        Mes vers eux-mêmes;
Et quand mes nerfs sont lassés;
Quand ma bête crie: assez,
J'onanise mes pensers
        Dans des poëmes!

EUROPE.

A EUGÈNE D'ARGENCE.

A fille d'Agénor et de Téléphasa
Est si belle que nul jusqu'à ce jour, n'osa
Toucher à la splendeur de sa chair surhumaine.
Elle attend qu'un époux la supplie et l'emmène;
Mais la beauté céleste est faite pour les cieux,
Et les mortels ont peur d'être rivaux des dieux.
Ainsi, les jours divins se trainent, monotones;
Les Hivers, les Printemps, les Etés, les Automnes
Suivent cruellement leur immuable cours;
Vingt fois ils sont passés. — Europe attend toujours.

Triste comme le flot qui chante sur la berge,
Elle pleure. La vierge est lasse d'être vierge.
Seule et tordant ses bras lassés d'un long repos,
Elle roule son corps sur le poil blond des peaux.
Elle presse ses poings fermés contre ses tempes
La voilà, haute et nue, à la lueur des lampes
Devant le grand miroir qui vit tant de secrets:
Sa grâce qu'elle admire excite ses regrets.

Sous le chatouillement lubrique des mains blanches
Un frisson vient de naitre et cours le long des hanches.
Elle pris ses deux seins dans ses mains :

— O Vénus!
„Regarde ces beaux fruits d'amour, ces fruits charnus,
„Fermes et veloutés comme une pêche mûre.
„Le teint en est si frais et la forme si pure
„Qu'a moins d'être un profane, on craindrait d'y poser
„Un autre attouchement que celui du baiser
„Lorsque sur eux le soir je croise et je ramène
„Mes bras plus blancs que ceux de l'Héra Leucolène.
„On croit voir, s'enroulant comme les flots du Styx,
„Deux torrents de lait clair sur deux roches d'onyx.
„Ma hanche s'arrondit comme une amphore pleine,
„Et mon ventre pareil à l'urne de Silène,
„Est dur et lisse, avec le reflet chatoyant
„Des tissus satinés qu'on trame en Orient.
„Ma jambe qui s'évase est une urne d'ivoire;
„Bien douce est au toucher l'épaisse touffe noire
„Que le ciseau sacré, coupe au front des brebis,
„Mais plus doux est le poil qui frise à mon pubis,
„Là, tout près.... N'est-ce pas déesse de Cythère,
„Je suis belle parmi les filles de la terre?
„La fleur de ma jeunesse est éclose; mon sang
„Bouillonne à flots pressés dans mon cœur bondissant;

„Mon torse d'indomptée est mûr pour tes caresses,

„N'est-ce pas? Et pourtant; O Mère des Ivresses

„Personne entre les fiers et bruns Phéniciens,

„N'a serré mes flancs nus sur la châleur des siens!

„Oh! prends pitié de moi, Reine! Grâce.... je souffre!

„Comme un enfant qui, seul, se penche au bord d'un gouffre.

„J'ai le vertige. Grâce.... Un baiser! Un amant....

„Des hommes! Oh, Je brûle!"

Elle dit

Lourdement

La vierge se laissa retomber sur sa couche.

Les seins dressés, collant son bras chaud sur sa bouche

Elle se tord, comme un bois vert sur les tisons,

Ses os craquent. Son doigt, sous les folles toisons,

S'égare, chatouilleux, dans l'ombre qu'il pénètre:

Un spasme d'infini court et crispe son être,

„Des hommes. Astarté, des hommes!...."

Elle a pris

Et serre avec fureur contre ses seins meurtris

Les coussins qu'elle étouffe et mord. — Menteuse ivresse!

La soie et le velours, sous le corps qui les presse.

Restent froids comme un marbre et mous comme un vieillard.
Rien sur soi! Rien en soi! Blond Phoïbos, prête un dard,
Trois fois la volupté la trompe! — Enfin brisée
Râlante, le corps moite, elle s'est affaissée.

Elle s'endort....
        Kronos pousse l'instant qui fuit.
Mais Zeus dont l'œil sait voir au travers de la nuit,
A penché vers le lit son front chargé de nues,
Et léchant du regard la blancheur de ses chairs nues.
Il rêve aux lents efforts du baiser virginal,
Aux soupirs étonnés du bonheur qui fait mal,
Aux cris, à la fraicheur des caresses timides....
Il songe: le désir ferme ses yeux humides
Et dans son cœur divin monte comme les flots.

Il s'énivre écoutant encor les courts sanglots
Dont le charme lascif envahit l'Empyrée.
La chair gonfle les plis de sa robe sacrée,
Zeus veut; Eros sourit; et les dieux immortels
Oublieux des parfums brûlés sur leurs autels;
S'écartent, croyant voir un signe de colère
Dans la flamme qui luit sous les grands cils du Père.

LE CRANE.

ENVOI D'UNE TÊTE DE MORT A UNE JEUNE ARTISTE.

v, dure boite à cervelle,
    L'âme, par perthuis des yeux ronds,
    Dévallant vers sphère nouvelle
Yssit du monde ou nous entrons.

Se fut maulvaise ou se fut bonne
Point ne le sait et rien n'en dis:
Maulvaise, que Dieu lui pardonne;
Bonne, la boute es-paradis

Mais seur, chez vous aura martyre
Et chauldes tortures d'Enfer
Ce dit chief viril de satyre
Qu'esmorcha l'appétit du ver.

Crasne de masle! Vuide teste!
Las! Mains souëfes t'acresseront;
Ongles rondis se feront feste
De s'esbaudir emmi ton front.

Ardera ta cervelle absente
Au tact errant des detz rosés,
De ne pouvoir sans qu'elle y sente
Lui vestir les bras de baisers.

Et la nuyct, la véant ès plumes,
Sise en chaire et blanche de pel
Tes vielz os, prins de ruyts posthumes,
Pour bondiront dans leur tombel!

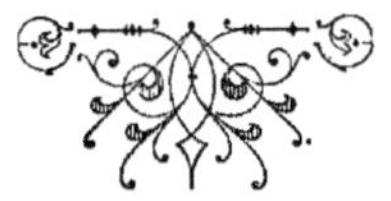

LA SOURCE.

SONNET.

A GASTON BÉTHUNE.

SOURCE vénérienne ou vont boire les mâles!
Fissure de porphyre ou frise un brun gazon,
Qui, fin comme un duvet, chaud comme une toison,
Moutonne dans un bain de senteurs animales.

Quand un homme a trempé dans tes eaux baptismales
Les désirs turgescents qui troublaient sa raison
Il en garde à jamais la soif du cher poison
Dont s'imprègne sa peau dans tes lèvres thermales.

O Jouvence des cœurs! Fontaine des plaisirs!
Abreuvoir ou descend le troupeau des désirs
Pour s'y gorger d'amour, de parfums et d'extases!

Il coule de tes flancs, le nectar enchanté.
Elixir de langueur, crême de volupté....
Et pour le recueillir, nos baisers sont des vases!

SYMPHONIE.

Ton corps est une symphonie
De parfums qui chantent en chœur
Et dont la troublante harmonie
M'emplit d'extase et de langueur :

Ils s'envolent comme des trilles,
Perlant la gamme des plaisirs
Et rythmant du front aux chevilles
Une sonate de désirs.

Quand ta bouche s'ouvre et se mouille
On dirait que tu bois du ciel ;
Et pour mes lèvres qu'elle fouille,
Ta langue a le goût blond du miel.

Ta salive sent la dragée
Lorsque dans nos baisers mordants
J'aspire par longues gorgées
Ton âme qui vient sur tes dents.

Ta nuque a des senteurs fragrantes
Et tes lourds cheveux, sous ma main,
Ont les souplesses odorantes
Du chèvre feuille et du jasmin.

Ta peau fleure l'iris et l'ambre,
Dont elle imprègne les coussins,
Et le mystère de ta chambre
S'embaume aux chaleurs de tes seins.

Sous tes bras de Junon antique
Tu couves des ferments salins
Dont la tiédeur aromatique
Flotte autour des duvets câlins.

Et ta corolle demi-close
Sur ton ventre de satin clair
Exhale un relent moite et rose
Dont l'âcreté nage dans l'air.

MÉLANCOLIE BLENNORHAGIQUE.

ETIT anneau de chair, petite fente laide
    Petit sphincter païen.
Petit coin toujours moite, empoisonné d'air tiède;
    Petit trou, petit rien!

Es-tu laid quand tu ris de ta lèvre lippue
    Es-tu laid quand tu dors!
Laid, toi que Dieu cacha dans cet angle qui pue,
    Près des égouts du corps!

Ah! tu peux pourlécher ta balive rosée
    Vilain monstre d'orgueil!
Tu peux, ouvrant ta gueule à crinière frisée
    Bailler comme un cercueil!

Ventouse venimeuse, insatiable gouffre
    Si funeste et si cher
Je veux te mépriser, toi par qui pleure et souffre
    Le meilleur de ma chair.

Je veux te détester à toujours chose infâme
    Toi qui rends mal pour bien:
Petit néant creusé dans le bas de la femme
    Petit trou, petit rien!

Et dire que c'est là que Satan met son trône
    Et l'homme son honneur !
Là que la poésie a placé ta couronne
    Eros Dieu du bonheur !

Et dire que c'est là que l'idéal du rêve
    Vient toujours aboutir
Là que meurt, — agonie ineffable et trop brève, —
    L'amour vierge et martyr !

Que c'est quand nous naissons, par cette plaie immonde
    Que le jour nous sourit ;

Et par elle, quand Dieu voulut sauver le monde
    Qu'entra le Saint-Esprit !

Dire que c'est par là que Junon perdit Troye,
    Que Ninive croula ;
Dire que tout, espoir, force, courage et joie
    Nous vient de ce trou la !

Et qu'il est le chemin du Ciel, la grande porte
    Qu'Eve ouvrit d'un recul :
Et dire qu'une femme, et vieille et laide, porte
    L'Infini sous son cul !

V O E U.

S O N N E T.

A EDOUARD D'OTÉMAR.

Non, non! L'accouplement que je voudrais connaitre,
Ce n'est plus aujourd'hui ce coït impuissant
Qui fouille un peu de chair et verse un peu de sang
Au bord d'une blessure ou sa langueur pénètre.

Je veux, o femme entrer tout entier dans ton être:
Il hurlera d'amour, ton ventre bondissant,
Comme hurle, trop pleine, une mère qui sent
L'effort intérieur d'un géant qui va naître.

C'est mon rêve: Je veux dans ton torse en débris,
Sentir mes os broyés et mes muscles meurtris
Sous les spasmes vengeurs de ta chair envahie.

Et dans ce rut suprême et ses derniers élans,
Je veux pour féconder ta vie avec ma vie,
T'éjaculer mon âme et mourir dans tes flancs !

LES GANTS.

A TRÈS HAULTE PRINCESSE RUSSIANE QUI M'AVOIT
CONVIÉ À VENIR EN SON LOGIS.

E fut escript, ès livre fatidicque
  Ou male chance et meschiefs sont escripts,
  Qu'oncque ne pourai, si grand désir m'en picque
Vous joindre un soir en ce mauvais Paris.

Berçais ce veuil, tant doulz à ma pensée
De heurter l'huis à vos armes et scel :
Las! L'Espérance en fut tost trespassée,
Comme ces fils qui meurent au bercel!

Pire viage encor que cil d'Ulysse
Qu'Homère eust dict en devis élégans :
Cy l'essaierai, pour qu'un chascun paslisse
Au mal dangier qu'est d'oblier ses gants.

Tout rez de frez, pigué, camise nette,
Dextre en mon col et cravaté de blanc,
Jà je tangeais des dez à la sonnette,
Quand vis main nüe, et fut mon cœur dolent.

Lors, de courir dévallant par les rues,
Cherchant gantiers, et gantières aussi.
Rode, cochier, ennui neiges accrues :
Paouvre cheval s'en va soufflant merci.

Pied cy, pied là : ne gantier, ne gantière ;
Tous mercerots sont clos ès boulevard !
Rode, cochier, de par la ville entière,
Tant et si long que vécy qu'il est tard.

Doncques piteux et l'âme desconfite,
Reprins ma route ainsi qu'estais venu.
Le bon cheval s'enhortant d'aller vite ;
Comme pehon, partit, trottant menu.

Me conduisit lors en ces lieux infâmes
Où tous nos maux se résolvent en ruyt,
Car l'obli gist dans les grèves des femmes ;
N'est tel chagrin qu'un souef caz ne destruyt.

Sur culs vénals et nombrils de louaige,
La pleine nuyct musai, fesses en l'air,
Hobant des reins et besongnant d'oultraige,
Et de mon sang esmorchant le plus cler.

Quand j'eus parfaict mainctes et mainctes courses,
L'heure sonnant d'yssis des bas mestiers,
Sec, ars, meurdri, vuide en toutes mes bourses,
Vers mon logis revins, très lent des piez....

Et tout au cours pendaient par grand malice
Ces rouges gants d'enseignes, me narguans;
Et cy l'escris, pour qu'un chasseur paslisse
Au mal dangier qu'est d'oblier ses gants.

LE BOUCLIER.

A EMILE GOUBERT.

E ventre de la femme est comme un bouclier
Taillé dans un métal lumineux et sans tache
Dont la blancheur se bombe et descend se plier
    Vers sa pointe où frise un panache.

Depuis l'angle d'or brun jusqu'au pied des seins nus,
Il s'étale, voûtant sa courbe grasse et pleine,
Et l'arc majestueux de ses rebords charnus
    Glisse dans les sillons de l'aine.

Tandis que, ciselé sur l'écusson mouvant
Ou s'abritent la source et les germes du monde
Le nombril resplendit comme un soleil vivant
    Un vivant soleil de sa chair blonde!

— Magique bouclier dont j'ai couvert mes reins!
Egide de Vénus. Ô Gorgone d'ivoire
Dont la splendeur joyeuse éblouit mes chagrins
    Et rayonne dans ma nuit noire!

Méduse qui fait fuir de mon cœur attristé
Le dragon de l'ennui dont rien ne me délivre,
Arme de patience avec qui j'ai lutté
    Contre tous les dégoûts de vivre!

Je t'aime d'un amour fanatique et navrant
Car mes seuls vrais oublis sont nés dans tes luxures
Et j'ai donné sur toi comme un soldat mourant
    Qui ne compte plus ses blessures.

C'est pourquoi ta douleur t'a dressé des autels
Dans les temples obscurs de mon âme embrunie,
Et j'y viens adorer les charmes immortels
    De ta consolante harmonie.

PARISIENNE.

SONNET.

A ACHILLE MÉLANDRI.

REDRESSANT les rondeurs de son buste replet,
Droite le nez railleur et la lèvre mutine,
Elle va.... Son regard qui voltige et butine
Se pose au bord de tout, prend à tout un reflet.

Elle va. Sous les plis susurrants de l'onclet
Son pied vif, provocant et plein d'esprit trottine,
Rase l'asphalte et rit au fond de la bottine
De se voir si petit et si prêt du mollet.

La main gantée, au bord de la manchette blanche,
Berse l'encas qui penche et caresse la hanche,
Rythmant au bruit des pas son doux balancement,
Un sillage odorant la suit: Senteurs de femme,
Parfums de fleurs, et souple, elle marche, semant
Le germe de désirs chauds et virils dans l'âme.

LA CHANSON DU VIEUX MOINE.

(CETTE PIÈCE ÉTANT INCONVENANTE A ÉTÉ SUPPRIMÉE
PAR L'AUTEUR.)

. . . .

BRUNE.

A TOI, LOUISE.

TON corps nu, plus doré qu'un blond matin d'avril
Dormait dans les parfums lascifs que tu distilles
Battant l'aile et vibrant, tout mon désir viril
Frôlait comme un essaim tournoyant de myrtilles
Ton corps nu, plus doré qu'un blond matin d'avril.

Et tes pores brûlaient, vivantes cassolettes
L'encens vénérien qui fleurit sur ta chair:
Dans l'air tiède, imprégné d'ambre et de violette
Je humais le vertige énervant qui m'est cher,
Et tes pores brulaient, vivantes cassolettes.

Brune sur la blancheur provocante des draps,
Parmi les serpents lourds de ta crinière noire.
Tu dormais, et l'extase avait ouvert tes bras
Comme un vieux christ en croix ciselé dans l'ivoire:
Brune sur la blancheur provocante des draps!

Tes seins fiers, dressant haut leur couronne cuivrée,
Se soulevaient au rythme égal de ton sommeil
Une ondulation, calme et lourde marée
Descendait lentement vers ton ventre vermeil
Tes seins fiers, dressant haut leur couronne cuivrée!

Et ta tête roulait des coussins écrasés;
Tes cils mal clos luisaient des larmes d'Aphrodite;
Ta lèvre souriante et lasse de baisers
Sur l'émail de tes dents saignait, rouge et maudite;
Et ta tête roulait des coussins écrasés.

Oh, depuis ce soir là, la vision me hante
De ton corps nu, plus pur qu'un rêve de Paros!
Et quand l'obsession d'être un dieu me tourmente
Quand tu crispes ma chair, Eros, Hymen, Eros,
Oh, depuis ce soir là, la vision me hante!

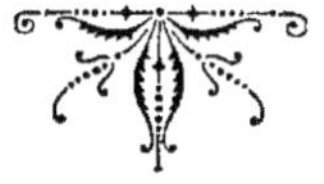

ADULTÈRE.

SONNET.

JE t'apprendrai l'amour stérile, et le secret
Des bonheurs trop savants qu'ignore l'hyménée.
Je veux t'ouvrir un monde ou nul ne t'a menée
Si beau qu'on en revient qu'en pleurant de regret.

Oh, l'art du long baiser qui court profond, discret,
Sur le ravissement de la chair étonnée!
L'art que ne savaient point ceux qui t'ont profanée
Sur la couche brutale ou ton cœur s'énivrait!

Viens! ce que tu rêvas sans le pouvoir connaître
Je te le donnerai. Tu te sentiras naître;
Tes grands yeux dessillés verront dans l'infini;

Et tous deux, emportés sur un rêve sublime,
Nous aurons, pour bénir encore l'amour béni,
L'immense volupté qu'on appelle le crime.

LE COCU.

A LÉON BLOY, CÉLIBATAIRE.

LE Cocu s'en va par le monde,
L'œil béat et le cœur serein.
Il vient d'être père et parrain;
L'Ami veille la moribonde.

Raillant les maris qu'on seconde
Et dont on bêche le terrain,
Le Cocu s'en va par le monde,
L'œil béat et le cœur serein.

La femme est fausse comme l'onde:
Son nombril est un champ forain.
Mais la sienne, vertu d'airain
Est fidèle, austère, — et féconde.
Le Cocu s'en va par le monde....

LE BAPTÊME.

EN ce temps la, Jésus Christus, fils de Marie,
Etait mort au calvaire entre les deux larrons:
Philippus s'en allait de par la Samarie,
Confessant tous les cœurs et lavant tous les fronts.

Or une vierge vint du pays de Candace,
Corps sans tache, âme blanche, et sans soupçon du mal:
Le front auréolé de candeur et d'audace,
Elle entra toute nue au fleuve baptismal.

.   .   .   .

Le baptême ruisselle et suit les pentes douces:
Une goutte a tremblé, rose, au bord des seins blancs:
Une autre: elle a tremblé; d'autres.... Et par secousses,
L'eau qui tremblait descend vers la chaleur des flancs.
Le torrent tiédi court dans les formes marbrées:
Son méandre lascif se tord au pli des reins,
Roule, coule, et perdu dans les sentes ambrées,
Glisse, tombe, lent de regrets, lent de chagrins,

.   .   .   .

Amour, rage des sens! Amour, baume de l'âme!
C'est toi qui nous fait dieux, fils terrestres du ciel.
Amour! C'est toi qui fait que la vierge se pâme,
Qu'elle comprend la vie et bénit l'Eternel!

C'est toi le vrai Sauveur et toi le vrai Messie.
Arbre de la Science. Amour et voluptés,
C'est vous que promettait l'antique prophétie.
Seul don de Jéhovah à ses déshérités!

. . . .

BALLADE DES PUCELAIGES MORTS.

A LOUIS JULLIEN.

SOUVENT ce vueil s'ésveigle en ma pensée
De cognoistre ou dévalent et comment
Après le heurt de la prime poussée,
Les beaux hymens morts par esclatement,
Sont ils eslus ou damnés malement?
Quel aultre monde assemble leurs collèges?
Le Cieil o luz ou l'enfer o torment?
Mais qui Dieu sçait où sont les pucelaiges?

Desfaits ès draps ou sus herbe froissée,
Soubz lambrys d'or ou chaulme de caymant;
De royne, nonne ou ruste mal facée;
Estroit on lé, Lorrain, Bret ou Flamand!
Trestous, occis par l'éspoux ou l'amant,
De mesme mort meurent sans privilèges,
Un soir de ruyt, escachés follement....
Mais qui Dieu sçayt où sont les pucelaiges?

Las! Chaque dame, ains que d'èstre percée,
Avoyt le sien et l'aimoyt tendrement.
Qu'en remaint-il quand la feste est passée!
Regrets sans fin pour soulas d'un moment!
Car l'aage vient, qu'en vain le cueur dément.
D'un peu d'amour seuls ses detz lui sont pleiges:
Masle n'y voult planter son fourniment,
Mais qui Dieu sçait où sont les pucelaiges?

ENVOI.

Prince des caz, Cupidon, Dieu charmant
Quantz on foras par tracits ou sortilèges?
Onc n'en prins un dont je geins librement!
Mais que Dieu sçait où sont les pucelaiges?

MADRIGAL.

SONNET.

ADAME, vous avez une tête de mort.
Votre front vaste et jaune et votre face glabre,
Vos pommettes que l'âge ossifie et délâbre
Veut me hanter la nuit, comme hante un remord.

Quand votre bouche rit, soupire chante ou mord,
Le triangle effrayé de votre nez se cabre,
Et le reflet vitreux d'une danse macabre
Tremble en vos yeux falots où sommeille la Mort.

Sur un ventre fumeux que ravinent les rides,
Vos seins pendants et longs comme deux gourdes vides
Ballottent flasquement au moindre de vos pas ;

Et Satan aurait peur de s'écorcher la langue,
Si Vénus lui prêtait, pour y planter son cas
Le sourire tanné de votre vulve exsangue.

IMPUISSANCE.

ON, tu ne m'auras pas, malgré mon désir fou !
   Tes baisers affamés peuvent pomper mes lèvres
   Et, courant par troupeaux de mes reins à mon cou,
Sur mon torse fiévreux brouter comme des chèvres.

En vain tes doigts de fée en rut, tes doigts nerveux
Dansent sur le sommeil de mes chairs résignées,
Et pour me rajeunir glissent sur mes cheveux,
Peuple souple et taquin de roses araignées.

A l'apparition de ton corps éclatant,
Un calme maladif s'est assis sur ma bête ;
Et pour avoir touché ce dont je rêvais tant,
Tout le sang de mon cœur est monté dans ma tête.

Oh rage ! T'avoir là, béante devant moi,
Sans frotter à tes nerfs mes nerfs que je renie,
Moi qui voudrait t'emplir jusqu'à mourir de toi ;
Et râler sur tes dents mon sanglot d'agonie !

Sentir ton ventre chaud houler comme une mer
Qui dans un golfe blond meurt sur sa mousse blonde
Sans rouler ma fureur dans le varech amer
Qui s'empregna des sels et des vapeurs de l'onde!

Voir ta lascivité qui m'ouvre le chemin,
Et, voyageur perdu sous le bois qu'il traverse,
Ne pas pousser ma route, un bâton à la main.
Dans les ravins glissants détrempés par l'averse!

Ah, que je vais t'aimer, quand je ne t'aurai plus.
Seul, raidissant ma force impérieuse et dure,
Je noierai mon lit veuf de regrets superflus,
Pour me punir encor des douleurs que j'endure.

Ton souvenir vengeur harcèlera mes sens;
Mes bras t'appelleront sous ma luxure avide!
— Telle une cassolette où, trop tard, les encens
Dans un temple désert brûlent sur l'autel vide.

L'HOMME D'ÉTAT.

SONNET.

A ANTONIO GANDARA.

A-bas, dans la tiédeur et la lumière brune
De l'alcôve ou l'air âcre aigrit les odorats,
Un cul parlementaire enfle l'empleur des draps,
Et large, s'arrondit comme une pleine lune.

Dans les fesses qu'il fit, Rubens n'en fit aucune
De majesté plus noble et de contours plus gras;
Obéron ne saurait les tenir dans ses bras,
Et Vénus Callipyge en garderait rancune.

Si vertueux qu'on soit et malgré la pudeur,
Rien qu'à voir cette ferme et virile rondeur,
On sent lever en soi des désirs monastiques.

On contemple: on voudrait. Et le rêve mutin
Flotte alentour, avec des langueurs extatiques;
Cependant que le cul chante un hymne au matin.

R Ê V E.

A LÉON CLADEL.

E me rappelle un soir de rage et d'hystérie
Où, soûl de notre amour et bleui de baisers,
J'étais tombé d'un bloc, pâmé, l'âme tarie,
Le cœur vide et les reins brisés.

Je dormais. Et noyé dans l'extase des rêves,
J'évoquais l'idéal d'un paradis charnel
Où de blondes houris, belles comme des Eves,
Donnaient le coït éternel.

Lascivement, sous la transparence des voiles,
Les nombrils caressants me baisaient au nombril,
Et passaient plus nombreux que le troupeau d'étoiles
Qui passe au ciel des nuits d'Avril.

Sans cesse! Mes désirs chantaient l'épithalame;
Ma virilité fière ardait comme un grand feu,
Et sous le vent du rut pourléchait de sa flamme
L'autel ou l'homme devient dieu.

Superbe, elle vibrait sur les chairs qu'on titille,
Et fouillait, sous le poil qui frise à l'Occident,
L'ombre chaude, où l'orgueil de ma force érectile
        Plantait son baiser fécondant.

Elle allait, jamais lasse et jamais assouvie,
Et sous l'étranglement mouillé des spasmes nus,
Elle crachait à flots les germes de la vie
        Au creuset rose de Vénus.

Les bras blancs m'étouffaient sur les poitrines blanches;
Les bustes, sous mon corps, se tordaient, pantelants;
De longs frissons crispaient la ronde ampleur des hanches
        Les genoux craquaient sur mes flancs!

Puis, c'était la douceur des doigts errants sur l'aine,
L'effleurement lascif et rôdeur des seins lourds,
Et la langue, au milieu des parfums de l'haleine,
        Posant ses touchers de velours.

Et c'était cette soif lubrique de vampire
Qui colle ses suçoirs sur l'homme turgescent;
Qui, s'énivrant des sucs masculins qu'elle aspire
        Va puiser l'âme au fond du sang!
C'était plus qu'on ne rêve et plus qu'on ne devine,
Ce que nul être humain n'a conçu ni chanté:
C'était tout ce que peut l'érection divine
        Travaillant dans l'éternité.

Oh, ce que j'ai connu dans cette heure sublime :
L'immensité d'un rut peuplant les Univers.
Et ma sève, coulant à remplir un abîme.

      Plus insondable que les mers !

Tout ce que j'ai goûté d'indicibles ivresses !
Les siècles de coït passaient comme des jours,
Et j'aimais en un jour des milliers de maitresses,

      Et toujours .... Toujours .... Et toujours ....

Rêve, hélas ! Et depuis qu'il leurra ma pensée,
Je traîne dans mon cœur l'impuissance d'un vœu
Et l'âpre souvenir de ma force passée.

      Moi qui suis homme — et qui fus Dieu !

REINE DU MONDE.

RONDEL.

A GEORGES LORIN.

 Luxure, reine du monde,
Baume qui guérit nos rancœurs!
Tu mets l'infini dans nos cœurs,
Tu fais deux dieux d'un couple immonde.

C'est toi la déesse féconde,
Hebé des célestes liqueurs,
O Luxure, reine du monde,
Baume qui guérit nos rancœurs!

Aux maudits que l'angoisse inonde
Tu permets les oublis moqueurs,
Quand tes baisers chantent en chœurs
Dans les taudis ou le vent gronde
O Luxure, reine du monde!

ENVOI.

A GASTON BÉTHUNE.

RÈRE, le plus aimé de mes plus chers amis,
Esprit vibrant et souple ou la nature a mis
Des grandeurs de poëte et des douceurs de femme ;

Toi qui me consolais dans mes jours de rancœur ;
Qui réchauffais mon âme aux châleurs de ton âme
Quand le dégoût d'être homme humiliait mon cœur ;

Toi qui lis dans ma vie, et qui sauras peut-être
Le lourd secret que nul ne doit jamais connaître
Et qui me fais pleurer le soir comme un enfant ;

En souvenir de moi, je te donne ce livre
Où mon rut exalté se dresse, triomphant ;
Ceux qui passeront là pourront m'entendre vivre.

J'ai tiré les rideaux de mon lit, grands ouverts ;
Je n'ai honte de rien et je crie à pleins vers
Quand l'amour bienfaisant descend sur ma torture.

Plus corrompu que nous, le siècle n'aime pas
Qu'on se souvienne d'être un fils de la nature,
Et qu'on dise tout haut ce qu'il pense tout bas;

Il veut qu'on soit poncif et qu'on chante les roses,
Les bois, les vingts printemps et les hivers moroses;
Il faut rougir d'être homme et renier sa chair.

Ah, qui nous rendra l'âge ou la grâce était nue?
L'âpre splendeur du vrai rendait le beau plus cher
Et la pudeur dormait, hérésie inconnue;

Tous les bonheurs humains s'appelaient par leur nom,
Et nul n'aurait osé trouver leur culte immonde....
— „Tu vas châtrer ton art, et mentir" — Eh bien, non!

Le monde en rugira: nous méprisons le monde!

TABLE.